DISSERTATIONS

SUR

QUELQUES POINTS CURIEUX

DE

L'HISTOIRE DE FRANCE

ET DE

L'HISTOIRE LITTÉRAIRE

PAR

Paul L. Jacob, Bibliophile.

V

PARIS

TECHENER, LIBRAIRE-ÉDITEUR,

PLACE DU LOUVRE, 12.

—

1838

Ces Dissertations, dont le nombre n'est pas limité, ne seront tirées qu'à 50 exemplaires, *numérotés*, sur papier vélin, et à 5 exemplaires sur papier de Chine.

N°

Imprimerie de Mme Poussin, rue Mignon, 2.

LA VÉRITÉ

SUR LES DEUX

PROCÈS CRIMINELS

DU

MARQUIS DE SADE.

———

Une notice biographique rédigée par
M. Jules Janin avec plus de talent que de
vérité a fait connaître aux gens de bonne
compagnie, et même aux femmes, le nom,
le caractère et les ouvrages de ce fameux
libertin, qui ne pouvait guère prétendre
à l'honneur de paraître en public et d'y
étaler les souillures inouïes de son imagi-
nation, puisque la société, redoutant le
contact pestiféré de cet apôtre du crime
et de la débauche, l'avait renfermé dans

l'oubli d'une prison perpétuelle. Maintenant, grâce au style honnête et brillant de M. Janin, les faits et gestes du marquis de Sade se sont gravés fort décemment dans la mémoire de tout le monde, et l'auteur de ces romans abominables, qu'on n'ose pas nommer, a obtenu la gloire d'Érostrate, une célébrité d'horreur et d'effroi.

Si ses livres n'existaient pas, multipliés sans cesse en secret par une cupidité plus coupable peut-être que la corruption calculée qui les a produits, j'essaierais certainement de défendre le marquis de Sade contre ce qu'il y a d'exagéré, d'aveugle et d'injuste dans une partie des accusations qui le flétrissent; je parviendrais sans doute à prouver que ce malheureux n'était pas d'abord tel qu'on le représente, un monstre prodigieux de scélératesse, et qu'il ne l'est devenu en vieillissant que pour se venger de la société, à laquelle il imputait les malheurs de sa vie; car il y a deux divisions bien tranchées dans l'existence

du marquis de Sade : l'une appartient à
l'histoire des mœurs de son temps, l'autre
à l'histoire des plus hideuses maladies de
l'âme ; celle-ci est la conséquence de la
première ; chacune, à différents degrés,
offre la satire des préjugés, des règles,
des lois de la nature civilisée. C'est la passion qui a commencé la chute morale du
marquis de Sade ; ce sont l'orgueil et le
désespoir qui ont achevé de le précipiter
dans un abîme infect où il eût voulu en-
traîner ses contemporains, de même que
Satan peuplant l'enfer où la main de Dieu
l'a plongé.

Mais il y a trop de preuves écrites de
l'exécrable doctrine que prêchait au milieu des fous de Charenton le marquis
de Sade en cheveux blancs, pour que
j'élève la voix contre les fautes trop réelles
de l'organisation sociale qui a fait d'un
homme spirituel et distingué le plus in-
sensé et le plus dangereux des criminels.
Non, en présence de l'effrayante contagion
que ces livres empestés répandent jour-

nellement parmi la jeunesse, je ne me
sens pas le courage d'entreprendre une
justification en faveur de l'écrivain qui
forma l'absurde projet de pervertir l'espèce humaine, et consacra ses plus nobles
facultés à l'exécution de ce qu'il regar-
dait comme des représailles.

J'ai souvent interrogé des personnes
respectables, dont quelques-unes vivent
encore, plus qu'octogénaires; je leur ai
demandé, avec une indiscrète curiosité,
d'étranges révélations sur le marquis de
Sade, et je n'ai pas été peu étonné que
ces personnes, que leur moralité, leur
position et leurs honorables antécédents
mettent à l'abri de toute espèce de hon-
teux soupçons, n'éprouvassent aucune
répugnance à se souvenir de l'auteur de
Justine et à en parler comme d'un aima-
ble mauvais sujet. Il est vrai que ces der-
niers témoins du siècle passé avaient cessé
de connaître le marquis de Sade depuis
la déplorable scène qui eut lieu à Marseille,
en juin 1772, et qui le fit condamner à mort

par contumace, le 11 septembre de la même année, arrêt qu'il fit casser six ans après dans un nouveau procès, où il parut hardiment pour se voir condamner à une simple amende de cinquante francs, au profit de l'*œuvre des prisons!*

Voici comme les biographes ont raconté cette mystérieuse afairfe, d'après les *Mémoires de Bachaumont.* Le marquis de Sade, qui avait pris le titre de comte à la mort de son père *, n'était pas devenu plus sage depuis le terrible scandale causé, en 1768, par son aventure avec la fille Keller, mutilée dans une débauche, *sous prétexte d'éprouver des topiques;* les cent louis qu'il avait payés à cette misérable, et les six semaines pendant lesquelles il avait été enfermé au château de Pierre-Encise semblaient l'encourager à commettre de plus grands crimes et à encourir des châtiments plus exemplaires. Il habitait alors son beau domaine

---

* Dans cette famille, le père portait le titre de *comte* et le fils celui de *marquis,* sans doute en mémoire d'un marquisat possédé autrefois par la maison de Sade.

de la Coste, près de Marseille; il vint en
cette ville au mois de juin 1772, et y
donna un bal où il avait invité beaucoup de
monde. Mais, par un raffinement de per-
versité incroyable, il avait glissé dans le
dessert certaines pastilles de chocolat
préparées avec des mouches cantharides.
« L'on connaît la vertu de ce médicament,
dit le nouvelliste. Elle s'est trouvée telle
que tous ceux qui en ont mangé se sont li-
vrés à tous les excès auxquels porte la fureur la plus amoureuse; le bal a dégénéré en
une de ces assemblées licencieuses si re-
nommées parmi les Romains. C'est ainsi
que M. de Sade a pu *se faire aimer* de sa
belle-sœur, avec laquelle il s'est enfui
pour se soustraire au supplice qu'il mé-
rite. Plusieurs personnes sont mortes de
ces excès effroyables, et d'autres sont encore très-incommodées. » L'opinion publique s'empara du fait revêtu de ces odieuses
couleurs, et le parlement d'Aix, en ap-
pliquant la peine de mort à l'auteur de
cet *empoisonnement*, confirma l'exactitude
de la version qui circulait dans les sa-

lons de Paris et de Versailles. Plus tard, quand l'arrêt du parlement d'Aix fut cassé, et que le comte de Sade eut racheté sa tête par une amende de cinquante francs, son prétendu attentat, si romanesque et si atroce dans le but non moins que dans les circonstances, avait frappé trop vivement les esprits pour que la révélation tardive de la vérité parvînt à effacer les fables qui avaient pris sa place.

Cependant la vérité était d'accord avec la vraisemblance pour détruire la calomnie que le marquis de Sade avait inventée contre lui-même. Je rapporte à ce sujet le récit que je tiens d'un vieillard digne de foi, et je suis seulement surpris que la famille de Sade, plus intéressée que moi à démentir le faux bruit de ce bal donné à Marseille et souillé par un inceste, n'ait pas publié bien haut comment les choses se sont passées.

Le marquis de Sade revint à Paris en 1766, après avoir fait la guerre en Allemagne et gagné sur le champ de bataille le grade de capitaine de cavalerie. Son père, qui lui reprochait plusieurs folies de jeune homme, avait hâte de le marier, dans l'espérance de le forcer par là à une conduite plus sérieuse. M. de Montreuil, président à la cour des aides, se trouvait lié d'amitié avec le père du marquis, et les deux amis délibérèrent ensemble d'ajouter à leur ancien attachement un nouveau gage de durée en mariant leurs enfants. M. de Montreuil avait deux filles, l'une âgée de vingt ans, l'autre de treize, toutes les deux également jolies et bien élevées, mais bien différentes d'humeur et de beauté. L'aînée était brune de teint, avec les yeux et les cheveux noirs, grande, majestueuse, remplie de talents, et pourtant exclusivement occupée de dévotion, négligente de plaire et dépourvue de toute chaleur de cœur, excepté dans l'exercice des vertus chrétiennes. La cadette, au contraire, qui, malgré son extrême jeunesse, avait déjà l'apparence physique de l'âge de puberté, n'était pas moins avancée du côté

de l'intelligence : le principal caractère
de sa figure consistait dans une expres-
sion de douceur angélique et de grâce
suave que réfléchissaient ses yeux en har-
monie avec sa peau blanche et sa blonde
chevelure; mais cette nature fraîche et dé-
licate à l'extérieur devait bientôt se dé-
clarer susceptible des passions les plus
fougueuses et les plus fortes : la religion
n'était pas un frein capable de l'arrêter.

Le mariage avait été fixé de longue
main, lorsque le marquis de Sade fut intro-
duit dans la maison de M. de Montreuil.
Par un hasard qui décida de son avenir,
il ne vit pas sa future la première fois
qu'il alla chez le père de celle-ci : elle
était indisposée et ne se montra point;
mais sa jeune sœur la remplaça dans cette
soirée, qui laissa des souvenirs si agréa-
bles au galant capitaine, qu'il se persuada
facilement avoir rencontré la femme qu'il
devait épouser. Cette demoiselle chantait
d'une manière ravissante, et pinçait de
la harpe avec tant de feu, qu'elle prenait

un air inspiré dès qu'elle touchait les cordes, qui s'animaient et parlaient sous ses doigts. Le marquis de Sade, qui aimait beaucoup la musique, fut enivré de celle qu'il entendait, et ce cœur, que les événements ont convaincu de férocité, se sentit ému à la vue de cette charmante fille, aux accents de sa voix, aux sons de l'instrument qui lui empruntait une âme. Il se retira amoureux le soir même, il revint le lendemain plus amoureux, et se flatta d'avoir fait éprouver ce qu'il éprouvait.

Tant que dura l'indisposition de l'aînée des demoiselles de Montreuil, il fut très-assidu auprès de la cadette, qui sans doute ne reçut pas avec indifférence les soins dont elle était l'unique objet. Quand on présenta au marquis la femme qu'on lui destinait, il ne ressentit que de l'aversion pour elle, parce qu'il la regarda dès-lors comme un obstacle au bonheur qu'il avait rêvé; il dédaigna les solides qualités de cette jeune personne, qui les cachait sous

une modestie décente, et qui avait pour
guide de ses paroles et de ses actions un
sentiment parfait de son devoir : elle ac-
ceptait donc avec une obéissance résignée
l'époux que ses parents lui avaient choisi
sans la consulter.

Mais le marquis de Sade n'était point
aussi soumis à la volonté paternelle : il
énonça la ferme intention de n'obéir qu'à
son cœur dans une affaire qui intéressait
tout son avenir ; il avoua au comte son
père que, s'il consentait à devenir le gendre de M. de Montreuil, il entendait ne
pas être contrarié dans ses affections, qui
le portaient à demander la main de la fille
cadette en refusant celle de l'aînée. Le
comte de Sade, qui savait bien par expé-
rience que son fils se sentait peu de pen-
chant pour les habitudes conjugales, crut
que c'était une défaite imaginée pour rom-
pre le mariage projeté ; mais le marquis
jura qu'il était prêt à épouser celle qu'il
aimait. D'abord le comte de Sade, qui
voulait seulement contracter une alliance

de famille avec M. de Montreuil, ne vit aucun inconvénient à donner au marquis l'une ou l'autre des filles du président. Celui-ci, au contraire, jeta les hauts cris à la proposition que lui fit son ami, et, soutenu par l'entêtement de sa femme, il s'opposa formellement à l'union de sa fille cadette avec le prétendu de l'aînée. Le comte de Sade n'insista pas, en voyant combien était inébranlable la décision prise par M. de Montreuil, et il pensa que, dans une question de mariage, peu importait la répugnance ou l'empressement du mari : en conséquence, il enjoignit à son fils d'accepter la femme qu'on lui offrait.

Le marquis de Sade repoussa de toutes ses forces la contrainte qu'on lui imposait, et répondit à son père qu'il n'aurait jamais d'autre femme que la plus jeune des filles de M. de Montreuil. Le comte, entiché de ses prérogatives de père et des idées de la vieille noblesse, s'arma d'une menaçante sévérité, et somma le jeune

homme de ne pas sacrifier à des enfantil-
lages un parti sortable et avantageux; il
lui donna à opter entre une prompte sou-
mission et un prompt départ pour l'ar-
mée, avec la perspective d'un dénuement
absolu et d'un oubli perpétuel. Le marquis n'ignorait pas que son père lui tien-
drait parole, et le punirait de sa résistance
par la privation de ses revenus; or, il ne
pouvait se résoudre à manquer d'argent
et à se trouver réduit aux modiques ap-
pointements de capitaine. Il fit de nou-
veaux efforts auprès du comte pour ob-
tenir au moins l'ajournement de ce mariage
qu'il redoutait, comme s'il pressentait déjà
ce qui en arriverait; il s'adressa ensuite
à M. de Montreuil, qui fut encore plus in-
flexible; il recourut en dernier espoir à
Mme de Montreuil, qui lui ferma la bouche
avec une réponse froide et impérieuse; il
supplia enfin la plus jeune des demoiselles
de Montreuil de l'aider à vaincre ces diffi-
cultés insurmontables, et il la vit elle-même,
toute en larmes, intercéder son père qui

chancelait, sa mère qui la maltraitait, sa
sœur qui ne pouvait que pleurer avec elle.

Rien ne fit : les deux chefs de famille
avaient arrêté entre eux les conditions
du mariage qui allait s'accomplir ; tout
était irrévocablement conclu avant que le
marquis de Sade se fût soumis à cette ty-
rannie. Tout à coup il changea de rôle et
de dessein ; il ne s'obstina plus à réclamer
la liberté du choix d'une compagne, il ne
s'ingénia plus à créer des délais et des
embarras qui ne pouvaient être éternels,
il se prêta de bonne grâce aux exigences
de l'autorité paternelle, il épousa la fille
aînée de M. de Montreuil. Mais, au fond
de l'âme, il maudissait la société, les lois,
l'opinion, parce qu'elles ne lui avaient
donné aucun appui contre le pouvoir des-
postique d'un père qui était maître d'or-
donner le malheur ou la ruine de son fils ;
au fond de l'âme, il songeait à revendiquer
les droits méconnus de la sympathie, et à
prendre de vive force, comme un voleur,
le trésor qui lui appartenait, et auquel il

n'avait pas renoncé : il avait la pensée d'un
seul crime, pour l'accomplissement duquel tous les autres crimes lui paraissaient
des jeux d'enfant; il voulait rentrer dans
la possession de son amante, que le titre
de belle-sœur ne rendait pas sacrée pour
lui. Dès ce moment, il esquissa son système de guerre secrète et de rébellion
permanente contre l'ordre de choses établi
dans le monde social.

Son ressentiment s'accrut de la tendresse que lui portait sa femme, qui mettait une sorte de religion à aimer l'époux
qu'elle avait reçu des mains de ses parents :
elle ne l'eût pas moins aimé, s'il avait été
laid, sot et déplaisant; mais elle l'aimait
d'autant plus qu'il était charmant de figure, d'esprit et de manières. Le marquis
de Sade, au contraire, ne la payait en retour que d'aversion et de mépris; car il
l'accusait d'être cause du chagrin profond
qu'il avait conçu, lorsqu'il feignit d'étouffer pour elle l'amour dont il brûlait toujours pour la sœur de cette vertueuse

2

épouse, M™ⁱ de Montreuil, se défiant de l'intelligence trop intime qu'elle remarquait entre son gendre et sa fille non mariée, éloigna celle-ci et l'enferma dans un couvent. Le marquis fut désolé de cette séparation, survenue au moment où il espérait se dédommager de la contrainte qu'il avait subie en se mariant, et rectifier les lois de la morale publique par les lois de la simple nature, suivant son système, qu'il commençait à dresser en théorie. Il se vengea de ce nouveau désappointement en lâchant la bride à ses mœurs, et en faisant rejaillir le scandale de sa conduite sur la femme innocente qui partageait son nom.

La mort de son père arriva un an après ce mariage néfaste. Devenu comte de Sade, quoique le titre de *marquis* lui soit resté, comme pour le distinguer de ses honorables ancêtres, et maître alors d'une grande fortune qu'il ne craignait plus de perdre au moindre caprice d'un rigide vieillard, il chercha, dans le tourbillon des plaisirs,

les moyens d'étourdir l'amour incestueux
qui le dévorait. Il ne savait pas en quel
endroit était cachée Mlle de Montreuil, à
laquelle il avait déclaré ses sentiments, et
qu'il voyait prête à y répondre quand on
la lui enleva pour l'ensevelir dans un cloî-
tre : il s'épuisa en démarches inutiles afin
de découvrir la retraite de sa belle-sœur ;
mais, plus ses recherches étaient actives,
plus la famille de Montreuil mettait de
soin à les faire échouer. Enfin, il redoubla
de folie et d'emportement dans ses liber-
tinages, où il dépensait sa santé et ses ri-
chesses avec l'aide des roués de la cour
et des plus méchants garnements de bas
étage. Tantôt il était le coryphée des or-
gies musquées du duc de Fronsac et du
prince de Lamballe ; tantôt il se mêlait à
des laquais dans d'ignobles saturnales.
Initié aux mystères des petites maisons et
des mauvais lieux, il avait déjà l'ambition
de surpasser les prouesses licencieuses de
ses compagnons de débauche.

Cependant on aurait tort de croire à la

lettre les dénonciations de la veuve Rose
Keller qui, le 3 avril 1768 ; conduite par
le marquis de Sade dans sa maison d'Ar-
cueil, y fut garottée et fustigée avec des
circonstances obscènes que Mme Dudeffant
n'a pas osé décrire dans ses lettres à Horace
Walpole, mais que les femmes les plus
prudes se faisaient raconter sans rougir,
à l'époque où cette affaire eut tant d'éclat.
Rose Keller était une prostituée qui ac-
cepta d'abord les honteuses propositions
du marquis, mais qui s'effraya ensuite de
l'appareil extraordinaire de tortures que
ce libertin déployait autour d'elle, peut-
être pour se divertir de la crédulité
et de la peur de cette fille ; elle fut telle-
ment effrayée que, dès qu'elle se vit seule,
elle rompit ses liens, se précipita par la
fenêtre dans la rue, et risqua de se tuer
pour échapper à la mort plus horrible
qu'elle appréhendait. Elle se blessa dans sa
chute; et le sang qui coulait de ses blessures
émut d'indignation le peuple rassemblé
autour de la victime nue, toute bleue de

coups, et criant vengeance. On eût mis
en pièces le marquis de Sade qui se sauva
de table, à moitié ivre, et fut poursuivi à
travers la campagne par les paysans fu-
rieux. La fille porta plainte; l'accusé fut
arrêté, enfermé au château de Saumur,
puis dans celui de Pierre-Encise à Lyon.
C'était une première satisfaction donnée
au scandale de l'attentat qui se réduisit,
dans l'instruction, à des actes coupables
de débauche, mais non qualifiés par la
pénalité judiciaire; l'accusation fut mise
à néant par des lettres d'abolition et surtout par le désistement de l'accusatrice,
qui se contenta d'une somme de cent louis,
laquelle lui servit de dot l'année suivante.
Mais les détails hideux de cette accusation ne furent point oubliés dans le public, quoiqu'ils se trouvassent plus ou
moins entachés d'exagération et de calomnie.

Cette aventure ne fit qu'irriter davan-
tage contre la société tout entière cet
homme orgueilleux et passionné qui ne

croyait pas avoir forfait en achetant à prix
d'or le droit de commettre même un crime.
Le marquis de Sade descendit alors de la
sphère élevée où sa naissance et sa fortune
lui avaient assigné une place; il s'écarta des
connaissances qu'il avait dans la haute aris-
tocratie; il se concentra dans des amitiés su-
balternes, fréquenta les comédiens et les
gens de lettres les plus mal famés, s'entoura
de femmes perdues et ouvrit libre carrière
à ses goûts pervers. M. de Montreuil obtint
un ordre de la police pour que son gendre fût relégué en Provence, au château
de la Coste. Le marquis de Sade y trans-
porta son train de vie, ses habitudes dé-
pravées, ses odieux complices; mais comme il sentait la nécessité d'imposer à ses
vassaux une apparence de respect et de
crainte, il continua tous ses déborde-
ments sous un air de bonne compagnie,
et voulut étouffer la voix réprobatrice de
l'opinion au milieu du fracas de son luxe
et de ses divertissements. La noblesse
des environs afflua longtemps aux fêtes de

la Coste, où la véritable comtesse de Sade était parodiée par une aventurière, tandis qu'elle demeurait à Paris, confinée obscurément dans la maison maternelle, sans adresser à son mari d'autres reproches que celui d'une conduite chaste et régulière en opposition avec la sienne. L'héritier du nom de Sade, plongé dans le vice, ne parvenait pourtant pas à triompher d'un amour qui le consumait.

Mme de Sade, par le conseil de ses amis et de sa famille, se décida enfin à se rapprocher de l'époux qu'elle avait pris sans le connaître, et pour qui elle ne cessait d'implorer le ciel; elle demanda au marquis la permission d'aller habiter le château de Saumane, qu'ils possédaient auprès de la fontaine de Vaucluse; elle eut l'imprudence de lui dire qu'elle s'y rendrait avec sa sœur, récemment sortie du couvent. Le marquis de Sade apprit cette nouvelle comme la réalisation de sa plus chère espérance; il applaudit perfidement au projet de sa femme, et promit d'aller la voir

aussitôt qu'elle serait à Saumane. Il lui
tint parole : il était impatient de se retrou-
ver vis-à-vis de sa belle-sœur, qui lui parut
plus jolie après une absence de six ans.
Mais cette absence avait agi sur la raison
de Mlle de Montreuil, qui, d'ailleurs instruite
de l'exécrable réputation du marquis, s'accusait de l'avoir aimé, sans se douter qu'elle
l'aimait encore, et que ce feu couvert de
cendres se rallumerait plus ardemment
au moindre souffle de la séduction. Le marquis commença par tromper sa femme
pour mieux abuser ensuite sa belle-sœur;
il affecta devant Mme de Sade un change-
ment complet d'idées et de mœurs, il
pleura même ses erreurs passées, et fit de
tels serments, que Mme de Sade y ajouta
foi en bénissant la main de Dieu.

Mais la première fois qu'il put amener
un tête-à-tête entre Mlle de Montreuil et
lui, ce fut un langage bien différent : il
lui jura qu'il n'avait jamais aimé qu'elle,
et que les fautes même dont il s'avouait
coupable n'étaient que le résultat de cet

amour poussé au désespoir ; il la menaça
de se frapper de son épée, de se noyer dans
la Sorgue, de se jeter du haut des tours
de Saumane, si elle refusait de lui par-
donner et de lui rendre le même amour
dont il s'était cru digne avant de contracter un mariage détesté. Mlle de Montreuil,
ébranlée par ces véhémentes protestations
qu'accompagnait la pantomime la plus pa-
thétique et la plus vraie, dissimula néan-
moins son émotion en se retirant dans
son appartement où le marquis ne réussit
pas à la suivre. Il avait assez étudié les
signes extérieurs qui trahissent le cœur
des femmes, pour être certain que le cœur
de sa belle-sœur lui appartenait toujours.
Quant à lui, il aimait encore cette jeune
personne avec tant de passion, qu'il réso-
lut de l'enlever et de passer avec elle en
pays étranger.

Voici l'étrange plan qu'il conçut et exé-
cuta : il se rendit à Marseille dans le cou-
rant du mois de juin, accompagné d'un
domestique affidé qu'il avait dressé à ser-

vir ses plus criminelles débauches; il s'é-
tait pourvu de pastilles de chocolat, dans
la composition desquelles entrait une forte
dose de mouches cantharides, ce terrible
et dangereux stimulant qui produit de si
effroyables désordres dans le système ner-
veux. Les deux complices allèrent ensemble dans une maison de filles publiques
où ils prodiguèrent le vin, les liqueurs et
les pastilles spasmodiques : l'effet de ces
pastilles ne se borna pas à des rires, des
danses lascives et des symptômes dégoû-
tants d'hystérie : une des malheureuses,
que la drogue excitante avait mise dans
l'état des bacchantes de l'antiquité, s'é-
lança par la fenêtre et se blessa mortelle-
ment, tandis que les autres, à demi nues,
se livraient aux plus infâmes prostitu-
tions, à la vue du peuple accouru devant
la maison qui retentissait de cris et de
chants frénétiques. Le marquis de Sade
et son valet s'étaient enfuis, mais ils furent aussitôt dénoncés à la vindicte publique, et les magistrats se réunirent aux

médecins pour constater les circonstances
de ce complot érotique. Deux filles mou-
rurent des suites de leur fureur impudi-
que, ou plutôt des blessures que ces in-
fortunées s'étaient faites dans une épou-
vantable mêlée.

Dès que le parlement d'Aix se fut saisi
de cette affaire, le marquis de Sade, qui
avait eu la précaution de se cacher, se fit
écrire, par un des conseillers de ce parlement, une lettre dans laquelle on annon-
çait l'issue inévitable du procès, une condamnation infamante, le supplice de la
roue et la confiscation de tous les biens
du coupable. Muni de cette lettre qui
exagérait les détails du crime et qui en
faisait un véritable empoisonnement, de
la nature la plus scélérate, il se présente
un soir au château de Saumane. Il avait
eu soin d'éloigner sa femme; il avait rassemblé en secret le plus d'argent possible,
et obtenu même, en offrant de grosses
remises, le paiement anticipé de ses fer-
mages; il avait enfin préparé une chaise

de poste et des relais particuliers jusqu'à
la frontière. Il entre précipitamment dans
la chambre de sa belle-sœur, se jette à
ses pieds, les lui baise en poussant des
sanglots étouffés, se nomme lui-même un
monstre indigne de pitié, s'accuse des
plus grands forfaits, et déclare qu'il va
s'en punir par un suicide. Mlle de Montreuil, surprise, émue, épouvantée, lui
demande, en pleurant, l'explication de
ce grand trouble qu'elle essaie de calmer
avec des paroles affectueuses.

— Je vous aime au point de ne vouloir
plus vivre sans vous, dit-il avec tous les
signes de la plus vive douleur ; je sais que
vous ne m'aimez pas ; je sais que vous
me méprisez ! Cette pensée a fait mon
crime : j'étais décidé à périr, mais par
une vengeance que j'aurais souhaité exer-
cer sur l'humanité entière, je formai le
dessein d'immoler avec moi quelques
misérables qui m'avaient perdu de réputation, en m'attribuant des infamies que
je renvoie à leurs infâmes auteurs ; j'ai

préparé de mes mains le poison ; plusieurs personnes ont succombé ; le hasard m'a sauvé, et maintenant je vais me faire justice, après vous avoir dit adieu, pour échapper au châtiment qui m'est réservé.

Mlle de Montreuil ne comprit pas bien cette histoire inventée par le marquis de Sade, et la lettre qu'il lui fit lire ne servit qu'à augmenter le trouble de son esprit : elle voyait seulement que son beau-frère était exposé à une condamnation capitale, et elle se persuadait aveuglément qu'elle-même avait amené ce malheur en repoussant un amour capable de tout s'il était réduit au désespoir ; elle s'accusa donc de cruauté et d'injustice, elle supplia tendrement M. de Sade d'éviter le jugement qui l'attendait, de se dérober par la fuite aux conséquences de cette affaire, de sauver du moins sa tête, puisqu'il avait perdu l'honneur. C'était là le résultat que le marquis espérait de sa ruse.

— Eh bien ! s'écria-t-il avec exaltation,

je consens à vivre, je consens à fuir, si
vous ne m'abandonnez pas, si vous m'aimez ! autrement, adieu, laissez - moi
mourir !

Une heure après, Mlle de Montreuil,
toute pâle, toute tremblante, était assise
à côté du marquis de Sade dans une chaise
de poste, autour de laquelle les amis de
celui-ci venaient le féliciter de sa conquête,
et faire des vœux pour qu'il la conservât
longtemps. La pauvre demoiselle restait
muette au fond de la voiture, où sa honte
et sa rougeur n'avaient pas d'autre voile
qu'une nuit obscure à peine éclairée par
quelques flambeaux : le marquis triom-
phait.

— Adieu, messieurs, dit-il gaiement
aux témoins de cet enlèvement, faites
comme moi pénitence : je vais fonder un
ermitage en Italie et adorer le parfait
amour.

Les deux amants partirent, et le 11 septembre de la même année le parlement
d'Aix condamna le marquis à être rompu

vif en effigie, malgré toutes les démarches des familles de Montreuil et de Sade
pour empêcher cet arrêt. Le ravisseur
semblait être corrigé de ses mauvaises
mœurs et surtout de ce besoin de scandale qui l'avait tourmenté jusque-là; il
menait une vie rangée et très-édifiante,
à l'inceste près, lorsqu'une maladie vio-
lente emporta dans ses bras Mlle de Montreuil à l'âge de vingt-un ans. La douleur
que lui causa cette mort prématurée fut
suivie d'un retour vers ses anciennes habitudes : il redevint un fanfaron de crimes.

* 9 7 8 2 0 1 1 9 4 2 1 9 7 *